Ich kenne 100 Tiere

Charles Desché

Der Ballon

Der Gorilla ist harmlos, wenn man ihn nicht ärgert. Er lebt in Afrika und ernährt sich von Blättern und Früchten. Doch er ist vom Aussterben bedroht.

Der Schimpanse ist der Affe, der uns am ähnlichsten ist. Er lebt in kleinen Gruppen in Afrika. Er frisst vor allem Früchte und Insekten.

Der schelmische Kapuzineraffe hängt sich mit seinem Schwanz an die Äste des süd-amerikanischen Urwalds. Er bildet kleine Rudel.

Der Samiriaffe ist ein kleiner Affe mit einem langen Schwanz aus Südafrika. Er lebt von Früchten und Insekten, die er im Urwald findet.

Das Känguruh ist ein australisches Säugetier. Die Mutter trägt ihr Neugeborenes 6 Monate lang in ihrem Beutel am Bauch.

Die Koalamutter hat auch einen Beutel zum Schutz ihres Jungen, das sie dann auf ihrem Rücken trägt. Sie sehen aus wie Teddybären, oder nicht?

In unseren Regionen sind Fledermäuse Insektenfresser. Die auf dem Foto gehört einer tropischen Art an, die nachts Früchte sucht.

Der Igel hat Stacheln, doch er ist ungefährlich. Er mag nur Früchte und Insekten. Im Winter hält er unter einem Blätterhaufen seinen Winterschlaf.

Der Hase hat sehr lange Ohren. Bei uns lebt er in kleinen Erdlöchern auf den Feldern. Er ist ein guter Läufer.

Das Kaninchen gräbt sich selbst einen tiefen Bau. Es ist kleiner als der Hase. Es frisst Blätter und Wurzeln.

Das Erdhörnchen Cynomys ist ein großes Nagetier aus Nordamerika. Es wird Präriehund genannt, weil es bellt. Es lebt in unterirdischen Gängen.

Das Eichhörnchen baut sich auf Bäumen sein Nest und findet dort auch Trockenfrüchte. Das graue Eichhörnchen (kleines Foto) lebt in Nordamerika.

Das Alpenmurmeltier gräbt tiefe Gänge in die Bergwiesen. Im Winter schläft es dort 6 Monate lang. Es mag gerne Gräser und Beeren.

Mit seinem platten Schwanz kann der Biber sehr gut schwimmen. Er baut sich im Fluss oder See aus Geäst eine Hütte, die zur Hälfte unter Wasser liegt.

Der Hamster ist ein Haustier. Setze nie zwei in einen Käfig, sie würden sich bekämpfen. Er mag gerne Körner, Gemüse und Früchte.

In der Natur lebt das aus Südamerika stammende Meerschweinchen in Gruppen. Es mag auch gerne Körner, Gemüse und Früchte.

Der Delphin ist kein Fisch. Er ist ein sehr intelligentes Säugetier. Er verbringt sein Leben im Meer, doch benötigt er Luft zum Atmen.

Der junge Fuchs lebt in den Wäldern, ganz in der Nähe der Menschen. Er jagt auf Mäuse und Vögel und manchmal auch auf Hühner.

Der Wolf ist nicht gefährlich, nur wenn er hungrig ist oder gejagt wird. Jedoch frisst er andere Tiere. Er ist der Vorfahre unseres Hundes.

Der Hütehund treibt auf Befehl seines Herrchens die Schafe zusammen. Der Dingo (kleines Foto) ist ein wilder australischer Hund.

Der Braunbär ist riesig und kann sehr gefährlich sein wenn man ihn stört. Doch frisst er vor allem Beeren, Insekten und kleine Tiere.

Der Polarbär sieht nett aus, doch fällt er, wenn er hungrig ist, Menschen an. Er lebt am Nordpol, wo er sich von Fischen und Robben ernährt.

Der Waschbär hat die Größe einer Katze und lebt in Nordamerika. Er verzehrt vor allem Pflanzen und Früchte, die er zuvor wäscht.

Der Panda hat zwei schwarze Flecken um seine Augen. Er lebt in China, wo er sich ausschließlich von Bambusblättern und -zweigen ernährt.

Den Otter findet man – leider immer seltener - an Wasserläufen. Der exzellente Schwimmer fängt vor allem kranke und alte Fische.

Am Tag versteckt sich der Dachs im tiefen Bau im Waldboden. In der Nacht jagt er auf Insekten, Nacktschnecken und Würmer.

In der Nacht geistert die Wildkatze im Wald umher, auf der Suche nach Mäusen, Eiern und Vögeln. Tagsüber schläft sie auf einem Ast.

Diese Katzen hier sind Hauskatzen. Sie stammen von der Wildkatze ab und jagen auch auf Mäuse und Vögel. Die Farben des Fells sind unterschiedlich.

Der Gepard ist der schnellste Jäger der Welt. Er bevorzugt Gazellen, doch verschmäht er auch andere kleine Tiere der afrikanischen Steppe nicht.

Der Tiger ist ein Alleingänger. Er jagt auf Tiere aller Größen in den asiatischen Wäldern. Manche sind größer als ein Löwe.

Die wachsamen Leoparden verfolgen in der Nacht Tiere und Menschen. In Asien gibt es schwarze Leoparden, sie heißen Panther.

Der Löwe lebt in der Familie. Das Männchen imponiert mit seinem großen Kopf und der Mähne. Auch das Weibchen geht auf Jagd.

Die Ohrenrobbe ist ein Meeressäugetier. Sie hat sehr kleine äußere Ohrmuscheln. Das Männchen ist wuchtig und sehr schwer.

Die Robbe wird auch Seehund genannt, weil ihr Kopf dem des Seehundes sehr ähnlich sieht. Sie verschlingt Fische und Weichtiere.

Der afrikanische Elefant hat große Ohren. Er ist das größte und stärkste Tier auf der Erde. Er lebt in den Steppen.

Der indische Elefant hat kleinere Ohren. Er ist es, den Du im Zirkus und im Zoo siehst. Er verschlingt jeden Tag kiloweise Früchte und Blätter.

Das schwarz-weiß gestreifte Zebra lebt in großen Herden in der afrikanischen Steppe. Es frisst vor allem Gräser.

Groß und robust ist das Zugpferd, es muss die Kraft haben, einen Pflug oder einen Karren zu ziehen. Es ist ein friedliches Tier.

Viel schlanker ist das Reitpferd, das einen Reiter tragen, schnell laufen und hoch springen muss. Es ist auch viel lebendiger und sensibler.

Die Ponys sind viel kleiner. Wer reiten lernen möchte, wählt am besten ein Pony, das zudem einfach zu füttern und leicht erziehbar ist.

Früher dienten die Esel dazu, Lasten zu tragen und Karren zu ziehen. Heute werden sie vor allem wegen ihrer Liebenswürdigkeit geschätzt.

Das Wildschwein ist sehr kräftig. In den Wäldern sucht es nach Wurzeln, Insekten und Nagetieren. Es ist der Vorfahre unseres Schweins.

Das Nashorn ist ein gefährlicher Koloss. Weil es schlecht sieht, fällt es alles an, was sich rundherum bewegt. Doch frisst es vor allem Gräser.

Das Nilpferd wird nur böse, wenn man es stört.
Am Tage schläft es im Wasser und in der Nacht
geht es aufs Land, um dort Gräser zu verspeisen.

Das Lama stammt aus der Familie der Kamele.
In den südamerikanischen Bergen liefert es
Wolle.

Das Kamel ist sehr belastbar und kann tagelang ohne Wasser auskommen. Viel häufiger sind die Dromedare, dies sind einhöckrige Kamele.

Der Hirsch ist das größte Tier in unseren Wäldern. Das Männchen trägt ein Geweih. Er lebt in Herden und ernährt sich von Blättern und Baumstängeln.

Das Rehkitz ist das Junge eines Rehs. Kleiner und schreckhafter als der Hirsch kommt es nur nachts aus dem Wald, um Gräser und Blätter zu fressen.

Den Steinbock findet man im Hochgebirge.
Er springt wie ein Ass und ernährt sich von Gräsern.
Das Männchen hat lange Hörner.

Die Ziege ist ein Haustier und wird aufgrund ihrer Milch, aus der wir Käse machen, sehr geschätzt. Die Zwergziegen (kleines Foto) sind ganz reizend.

Das Mufflon ist ein Wildschaf und lebt in Herden. Es frisst Gräser und Blätter. Die Hörner des Männchens sind krumm.

Das Schaf liefert Wolle, es wird ein mal pro
Jahr geschoren. Sein Lieblingsmenü besteht aus
Wildkräutern und Gräsern.

Das sehr seltene Okapi stammt aus der Familie der Giraffen. Es lebt im afrikanischen Urwald, wo es sich an Blättern und Zweigen labt.

Die Giraffe kann 4 bis 5 Meter groß werden. Ihr Hals ist so lang, dass sie die Blätter in den Baumwipfeln erreicht.

Der afrikanische Büffel ist so stark, dass er sogar Löwen anfällt. Er zieht in Herden durch die Steppen, wo er sich von Gräsern ernährt.

Der Bison lebt in Gemeinschaften in den Steppen Nordamerikas. Er verzehrt vor allem Gräser. Das Männchen ist sehr imposant.

Der Auerochse, der Vorfahre unserer Kühe, ist seit langem ausgestorben. Er hatte lange Hörner und sah der Kuh auf dem Foto sehr ähnlich.

Wir schätzen die Kuh als Fleisch- und
Milchlieferant. Im Sommer grast sie auf der Weide
und im Winter frisst sie das Heu im Stall.

Das Impala ist eine der schönsten afrikanischen Antilopen mit krummen Hörnern. Die in Herden lebenden Impalas fressen vor allem Gräser.

Die Thomsongazelle ist eine Antilope, die in großen Herden im afrikanischen Grasland lebt. Hast Du gesehen, wie spitz ihre Hörner sind?

Die Amsel ist in Europa heimisch. Sie verzehrt Würmer, Insekten und Beeren. Auf dem Foto sieht man ein Männchen. Das Weibchen ist braun.

Das Rotkehlchen ist sehr leicht zu erkennen. Es herrscht über sein eigenes Territorium, wo es Insekten, Körner und Beeren findet.

Die Schwalbe ist sehr schnell. Sie fängt im Flug Insekten. Ihr Nest baut sie aus Schlamm. Im Herbst zieht sie in den Süden.

Die Eule ist ein Raubvogel. Sie jagt in der Nacht auf Mäuse und Maulwürfe. Großes Foto: Zwergohreule. Kleines Fotos: Steinkauz.

Das Kuckucksweibchen legt ihr Ei in das Nest eines anderen Vogels, der es ausbrütet und das Junge, das aus dem Ei schlüpft, füttert.

Der Papagei ist in den Tropen heimisch. Er knabbert fleischige Früchte. Manche Arten plappern Wörter, ohne sie zu verstehen, nach.

Das Revier des Steinadlers sind Wälder und Hochgebirge, wo er kleine Tiere fängt. Er baut sein Nest auf dem Berggipfel.

In den Parks kannst Du die Höckerschwäne bewundern. Ihr langer Hals ermöglicht es ihnen, Pflanzen auf dem Teichgrund aufzuwirbeln.

Die Wildente, Vorfahre unserer Hausente, lebt in Teichen und Kanälen. Das Foto zeigt zwei Männchen und ein Weibchen.

Der Pinguin lebt am Südpol. Er kann nicht fliegen, doch ist er ein hervorragender Schwimmer. Sein Menü besteht aus Fischen, die er sich fängt.

Die große Silbermöwe frisst Würmer, Muscheln und Krabben. Man sieht sie am Meer und im Landesinnern. Sie baut ihr Nest in den Dünen.

Die Taube ist ein Körnerfresser. Die Haustaube stammt von der südeuropäischen Felsentaube ab. Es werden Hunderte von Rassen gezüchtet.

Der größte Vogel der Welt ist der Strauß, er lebt in Afrika und kann nicht fliegen. Der australische Emu (kleines Foto) kann ebenfalls nicht fliegen.

Das asiatische Wildhuhn ist vermutlich der Vorfahre der Haushühner. Es liefert Eier und Fleisch. Es pickt Körner und Blätter auf.

Manche Schildkröten sind Landbewohner (großes Foto). Andere (kleines Foto) leben in Sümpfen oder in warmen Ozeanen.

Das Krokodil ist sehr gefräßig. Es wartet stundenlang, bis ein Tier zum Trinken kommt, dann fällt es wie ein Blitz über sein Opfer her.

Alle Schlangen sind Jäger. Manche erwürgen ihre Opfer, andere vergiften sie. Einige sind für den Menschen sehr gefährlich.

Frösche fangen Würmer, Nacktschnecken und Insekten. Bei uns sind die rotbraunen (großes Foto) und grünen (kleines Foto) Frösche verbreitet.

Die zahlreichen bekannten Fischarten leben alle im Wasser. Wir züchten einige Arten, wie den Goldfisch auf dem Foto.

Die extrem schnellen Haie sind zumeist Raubfische. Ihre Zähne sind sehr scharf. Der weiße Hai greift Menschen an.

Käfer haben Schutzflügel. Auf dem großen Foto siehst Du einen Maikäfer und auf dem kleinen einen Bockkäfer. Es gibt Millionen von Insekten.

Du kennst sicher den Marienkäfer. Er ist ein sehr nützlicher Käfer, da er die Läuse, die unsere Pflanzen befallen, vertilgt.

Es gibt viele Tausende von Schmetterlingsarten, in verschiedenen Farben. Großes Foto: dunkelroter Ritterfalter. Kleines Foto: feuerroter Admiral.

Die Libelle bleibt oft am Boden, doch kann sie sehr schnell fliegen. Sie fängt im Flug Insekten, die sie dann auf einer Pflanze verspeist.

Die Biene wird in Bienenstöcken vom Imker gezüchtet, der ihren Honig gewinnt. Einige sterben nachdem sie gestochen haben.

Eine Spinne ist nicht sehr schön, aber nützlich, weil sie Insekten fängt. Einige wie die Kreuzspinne, die Du auf dem Foto siehst, weben Netze.

Der harte Panzer des Hummers schützt ihn vor Angreifern. Der auf dem Foto lebt in den tropischen Meeren.

Der Regenwurm hat sich in der Erde einquartiert! Wenn es regnet, kriecht er zum Vergnügen der Vögel, die ihn dann verspeisen, aus ihr heraus.

Die Schnecke besitzt zum Schutz ein Schneckenhaus.
Großes Foto: Gartenschnecke.
Kleines Foto: Weinbergschnecke.

Im Meer gibt es unzählige Muscheln. Die Du am Strand aufsammelst, sind tot. Miesmuscheln und Austern sind Meeresfrüchte.

VERZEICHNIS

Admiral, 86
Affe, 4, 5, 6, 7
afrikanischer Büffel, 58
afrikanischer Elefant, 38
Alpenmurmeltier, 16
Amsel, 64
Antilope, 62, 63
Auerochse, 60
Austern, 93
Bär, 24, 25, 27
Biber, 17
Biene, 88
Bison, 59
Bockkäfer, 84
Braunbär, 24
Dachs, 29
Delphin, 20
Dingo, 23
Dromedar, 49
Eichhörnchen, 15
Emu, 76
Ente, 72
Erdhörnchen Cynomys, 14
Esel, 44
Eule, 67
Fledermäuse, 10
Frosch, 81
Fuchs, 21
Gartenschnecke, 92
Gepard, 32
Giraffe, 57
Goldfisch, 82
Gorilla, 4
Hai, 83
Hamster, 18
Hase, 12
Huhn, 77
Hirsch, 50
Höckerschwäne, 71
Hummer, 90
Hund, 23
Hütehund, 23
Igel, 11
Impala, 62
indischer Elefant, 39
Käfer, 84, 85
Kamel, 49
Känguruh, 8
Kaninchen, 13
Kapuzineraffe, 6
Katze, 31
Koala, 9
Kreuzspinne, 89
Krokodil, 79
Kuckuck, 68
Kuh, 60, 61
Lama, 48
Leopard, 34
Libelle, 87
Löwe, 35
Maikäfer, 84
Marienkäfer, 85
Meerschweinchen, 19
Miesmuscheln, 93
Möwe, 74
Mufflon, 54
Muscheln, 93
Nashorn, 46
Nilpferd, 47
Ohrenrobbe, 36
Okapi, 56
Otter, 28
Panda, 27
Papagei, 69
Pferd, 41, 42, 43
Pinguin, 73
Polarbär, 25
Pony, 43
Regenwurm, 91
Reh, 51
Reitpferd, 42
Ritterfalter, 86
Robbe, 37
Rotkehlchen, 65
Samiriaffe, 7
Schaf, 55
Schildkröte, 78
Schimpanse, 5
Schlange, 80
Schmetterling, 86
Schnecke, 92
Schwalbe, 66
Silbermöwe, 74
Spinne, 89
Steinadler, 70
Steinbock, 52
Strauß, 76
Taube, 75
Thomsongazelle, 63
Tiger, 33
Waschbär, 26
Weinbergschnecke, 92
Wildente, 72
Wildkatze, 30
Wildschwein, 45
Wolf, 22
Zebra, 40
Ziege, 53
Zugpferd, 41
Zwergziegen, 53

Illustrationen: Die Fotos sind von HR-Tierfoto und Diapress.